Matthias von Bornstädt
Silke Behling

Pferdefreundinnen fürs Leben

2 spannende Pferde-Geschichten

Mit 10 tollen Extraseiten Pferde-Wissen!

Bibi & Tina

Lesen lernen

Leseanfänger

1. Klasse

ab 6 Jahren

Klett Lerntraining

Bibliografische Information der Deutschen Nationalbibliothek
Die Deutsche Nationalbibliothek verzeichnet diese Publikation in der
Deutschen Nationalbibliografie; detaillierte bibliografische Daten sind
im Internet über http://dnb.dnb.de abrufbar.

Dieses Werk folgt der neuen Rechtschreibung und Zeichensetzung.
„Hexspruch" ist ein Begriff aus der Welt von Bibi Blocksberg.

1. Auflage 2020

© 2020 KIDDINX Studios GmbH, Berlin
Redaktion: Susanne Stephan
Lizenz durch KIDDINX Media GmbH
Lahnstraße 21, 12055 Berlin

© PONS GmbH, Stöckachstraße 11, 70190 Stuttgart 2020. Alle Rechte vorbehalten.
www.klett-lerntraining.de; kundenservice@klett-lerntraining.de

Autor-/in: Matthias von Bornstädt, Berlin; Silke Behling, Osnabrück
Bildquellenverzeichnis: Shutterstock, New York: Cover (gorillaimages); 68.1 (jean.cuomo);
69.1 (Vladimir Hodac); 69.2 (Malkhaz Svanidze); 70.1 (Lillac); 70.2 (Natalie Board); 70.3 (Joos);
70.4 (Ievgen Shapovalov); 71.1 (Jana Mackova); 71.2 (Vera Zinkova); 71.3, 71.6 (Anastasija Popova);
71.4 (varunya); 71.5 (JP Chretien); 72.1 (Justek16); 73.1 (UVgreen); 73.2 (CL Shebley); 74.1 (wallybird);
75.1 (patrikteam); 76.1 (rdonar); 76.2 (anjajuli); 77.1 (Kolbakova Olga); 77.2 (Naqiuddin zakaria)
Illustrationen: Madlen Frey und Till Bayreuther, Münster; Katja Rau, Berglen: S. 30
Satz: tebitron gmbh, Gerlingen
Druck: Aumüller Druck GmbH & Co. KG, Regensburg
Bindung: Conzella Verlagsbuchbinderei Urban Meister GmbH & Co KG, Pfarrkirchen
Printed in Germany
ISBN 978-3-12-949656-5

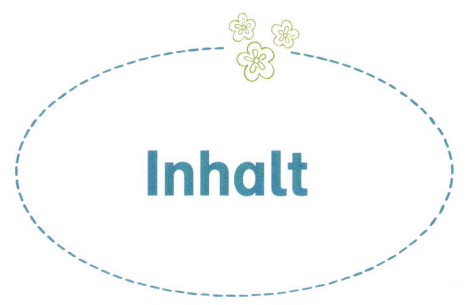

Inhalt

Matthias von Bornstädt

Die Pony-Party   **6**

Hufeisen-Quiz   **32**

Matthias von Bornstädt

Das kleine Schweinchen Rosa   **36**

Hufeisen-Quiz   **62**

Silke Behling

Pferde-Wissen   **66**

Lösungen   **78**

Vorfreude auf dem Martinshof   8

Wo ist Mia?   15

Tierische Helfer   20

Das Rätsel wird gelöst   26

Hufeisen-Quiz   32

Lösungen   78

Die Pony-Party

Vorfreude auf dem Martinshof

Heute wird der Martinshof
festlich geschmückt.
Die Bewohner des Hofes wollen
eine große Party feiern.
Jemand hat Geburtstag.

Es gibt sogar
zwei Geburtstagskinder!
Sind es Bibi und Tina?
Oder Holger und Frau Martin?

Nein! Die Ponys Max und Moritz
haben heute Geburtstag.
Bibi und Tina schmücken
die beiden.

Den *Schmuck* haben

Pfreckschedum

die Mädchen selbst gebastelt.

MACH MIT!

Was haben Bibi und Tina
gebastelt? Ergänze

10

Auch in der Küche
wird fleißig gearbeitet.
Frau Martin backt
mit den Ferienkindern
Leckereien für die Pferde.
Alle machen begeistert mit.

Nur ein Mädchen
macht ein mürrisches Gesicht.
„Was hast du denn, Mia?",
fragt Frau Martin die Kleine.
Doch Mia antwortet nicht.

Sie nimmt die Schüssel
und stößt sie weg.
Flatsch! Der ganze Teig
landet auf dem Küchenboden.
„Was soll das denn?",
fragt Frau Martin überrascht.

„Pah! Ich habe keine Lust
auf diese blöde Party!",
erwidert Mia patzig.
„Komisch. Warum ist Mia heute
bloß so schlecht gelaunt?",
denkt Frau Martin.

Wo ist Mia?

Wenig später ist alles fertig –
und die Party kann starten.
Max und Moritz genießen es,
im Mittelpunkt zu stehen.

MACH MIT!

Male die Ponys an.

Auf dem ganzen Martinshof
herrscht eine tolle Stimmung.
Ob sich auch Mia
davon anstecken lässt?
Frau Martin sieht sich suchend
nach dem Mädchen um.

Doch sie kann Mia
nirgends entdecken.
„Vielleicht hat sie sich
im Schlafraum verkrochen?",
überlegt Tina.

Sie schaut im Schlafraum nach,
aber Mia ist nicht da.
Zusammen mit Bibi sucht Tina
auch in den Ställen
und in der Scheune.
Leider ohne Erfolg.

Doch dann entdeckt Bibi
ein rotes Tuch vor dem Hoftor.
Das Halstuch gehört Mia!
„Sie muss fortgelaufen sein",
ahnt Frau Martin.
„Wenn ihr bloß nichts passiert!"

Tierische Helfer

Bibi denkt nach
und kommt auf eine Idee:
„Mia hat viel Zeit
mit Max und Moritz verbracht.
Vielleicht können die Ponys
uns beim Suchen helfen?"

20

MACH MIT!

Kreise das richtige
Wort ein.
Bibi macht sich ...

Locken

Sorgen

Tee

Bibi nimmt Mias Halstuch
und hält es Moritz
vor die Nüstern.
Moritz schnuppert neugierig
an dem roten Tuch.

Danach riecht Max
an Mias Halstuch.
Plötzlich wiehern beide Ponys.
Sie scharren aufgeregt
mit ihren Hufen.
Die Suche kann beginnen!

Bibi und Tina führen die Ponys
mit lockeren Zügeln vom Hof.
Die Zwillinge laufen
einen Waldweg entlang.
Sie schnuppern immer wieder
wie Spürhunde am Boden.

Kurz darauf erreichen sie
den See am alten Steinbruch.
„Da ist Mia ja!",
ruft Bibi aufgeregt.
In einem kleinen Boot treibt
das Mädchen auf dem See.

Mia paddelt hilflos
mit einem einzigen Ruder.
Das andere Ruder
ist ins Wasser gefallen.
Über Mias Gesicht
laufen viele dicke Tränen.

Das Rätsel wird gelöst

„Mia, alles wird gut.
Wir helfen dir!",
ruft Bibi und hext:

„Eene meene letztes Teil,

an das Boot ein starkes Seil !

Hex-hex!"

MACH MIT!

Ergänze das fehlende
Wort im Text.

Schon ist am Boot
ein dickes Seil verankert.
Die Seilenden befestigt Bibi
an den Halftern der Pferde.
Langsam ziehen die Ponys
das Boot zurück an Land.

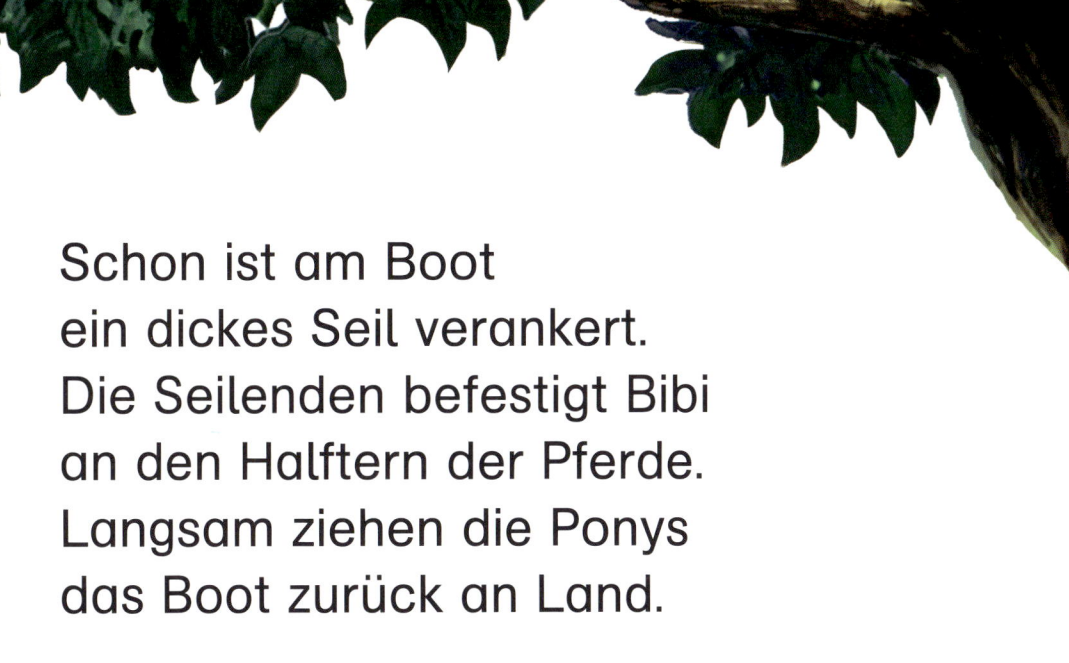

27

Mia reibt sich die Tränen
aus den Augen.
„Warum bist du denn
weggelaufen?",
fragt Tina sie.
Da muss Mia wieder weinen.

„Na, weil … weil ich heute
doch auch Geburtstag habe!",
sagt sie schluchzend.
„Aber an mich hat keiner gedacht.
Nur Max und Moritz haben
eine schöne Party bekommen."

„Ach so ist das!",
sagt Bibi sanft.
„Wir haben von deinem Geburtstag
leider gar nichts gewusst.
Aber es ist noch nicht zu spät
zum Feiern!"

MACH MIT!

Male für Mia
die Girlanden
und Ballons aus.

Zurück auf dem Hof darf Mia
zwei Geburtstagsrunden reiten.
Zuerst reitet sie auf Max,
dann auf Moritz.
So feiern alle zusammen
eine wunderbare Mia-Pony-Party!

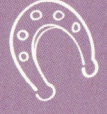

Hufeisen-Quiz

1 **Wie heißen die beiden Ponys?**

- ⊗ Max und Moritz
- ○ Matz und Moritz
- ○ Mäx und Moritz

2 **Was wird heute gefeiert?**

- ○ ein Ferientag
- ⊗ ein Geburtstag
- ○ ein Glückstag

3 **Warum backt Frau Martin Leckereien?**

- ⚪ um sie auf dem Fest zu verkaufen
- ✗ als Geschenk für die Ponys
- ⚪ weil sie es Mia versprochen hat

4 **Mia stößt die Schüssel weg, ...**

- ⚪ weil sie sich erschreckt
- ✗ weil sie schlecht gelaunt ist
- ⚪ aus Versehen

5 **Wo suchen Bibi und Tina nach Mia?**

- ✗ in den Stellen und in der Scheune
- ⚪ in den Ställen und in der Schäune
- ⚪ in den Ställen und in der Scheune

6 **Warum machen sich alle Sorgen um Mia?**

- ☒ weil sie weggelaufen ist
- ◯ weil sie sich erkältet hat
- ◯ weil sie sich verlaufen hat

7 **Die Ponys helfen beim Suchen. Wie machen sie das?**

- ☒ Sie können gut riechen.
- ◯ Sie können gut sehen.
- ◯ Sie können gut hören.

8 **Mia ist so traurig, ...**

- ◯ weil sie nicht zur Party eingeladen wurde.
- ☒ weil keiner an sie gedacht hat.
- ◯ weil sie kein Pony hat.

9 Tina fragt Mia, …

- ☒ wo sie hin wollte.
- ○ warum sie weg wollte.
- ○ mit wem sie weg wollte.

10 Welcher Hexspruch
hätte auch funktioniert?

- ☒ Eene mene nasser Weg,
  zu dem Boot führt jetzt
  ein Steg! Hex-hex!
- ○ Eene mene buntes Leinen,
  Mia, hör nun auf zu weinen!
  Hex-hex!
- ○ Eene mene Suppenkoch,
  gestopft sei nun
  das kleine Loch! Hex-hex!

Lilli, der Bücherwurm 38

Stolperei im Schweinestall 44

Ein Sturz mit Folgen 48

Die Retterin in Rosarot 54

Hufeisen-Quiz 62

Lösungen 79

Das kleine Schweinchen Rosa

Lilli, der Bücherwurm

Ferienzeit auf dem Martinshof!
Bibi und Tina haben gestern
mit der Kutsche die Ferienkinder
vom Bahnhof abgeholt:
Leon, Sara und Lilli.

Die kleinen Gäste dürfen reiten
und die Pferde pflegen.
Aber sie helfen auch mit,
die Schweine, Hühner
und Kühe zu versorgen.
Das macht richtig Spaß!

Zumindest Leon und Sara
kümmern sich begeistert
um die Tiere auf dem Hof.
Lilli dagegen bleibt lieber
allein am Küchentisch sitzen
und steckt ihre Nase in ein Buch.

MACH MIT!

Verbinde die Punkte von 1 bis 10.

„He, Lilli, die Sonne scheint!
Komm nach draußen!",
ruft Bibi durchs offene Fenster.
„Oder bist du gar nicht
neugierig auf unsere Tiere?"

Lilli streckt ihr Buch hoch.
„Hier drin steht alles,
was man über Bauernhoftiere
wissen muss", erklärt sie.
„Puh!", flüstert Bibi Tina zu.
„Ein richtiger Bücherwurm!"

Die beiden lassen nicht locker.
Endlich legt Lilli seufzend
das dicke Buch beiseite.
Sie folgt den anderen
zum Schweinefüttern.
Begeistert sieht sie nicht aus.

Stolperei im Schweinestall

„Eure Ferkel sind echt süß",
freut sich Sara im Stall.
„Findest du nicht auch, Lilli?",
fragt Tina aufmunternd.

44

Und Bibi ruft: „Schau mal!
Rosa mag dich sogar
ganz besonders gern!"
Lilli blickt an sich hinab.
Ein niedliches rosa Ferkel
stupst verspielt
ihr Bein an.

45

stolpert

schafft

erschrickt

Doch Lilli _erschrickt_ vor Rosa

und weicht hastig zurück.

Dabei _stolpert_ sie

über den Schweinetrog.

Sie _schafft_ es gerade so,

nicht hineinzufallen!

Bei diesem Anblick
müssen Sara und Leon kichern.
Lilli läuft feuerrot an.
„Die Ärmste", murmelt Tina.
„Ich fürchte, Lilli ist nicht
fürs Landleben gemacht ..."

Ein Sturz mit Folgen

Wenig später auf der Koppel
begrüßt Pony Paulchen
Lilli mit freundlichem Wiehern.
Und da erscheint
ein zaghaftes Lächeln
auf Lillis Gesicht!

Umständlich klettert Lilli
auf Paulchens Rücken.
Sie sitzt etwas unsicher oben,
aber es gelingt ihr,
sich auf dem Pony zu halten.

„Klasse, Lilli! Mach weiter so!",
feuert Tina Lilli an.
Doch ganz plötzlich – witsch! –
saust ein rosafarbenes Etwas
unter Paulchen hindurch.

„Rosa!", ruft Bibi überrascht.
Die Tür zum Schweinestall
stand wohl noch offen ...
Paulchen steigt wiehernd
und Lilli rutscht
mit einem Plumps vom Pony.

MACH MIT!

Male Hexsternchen und eine Brille für Lilli.

Zum Glück hat sich Lilli
nicht verletzt.
Aber ihre Brille ist kaputt!
Mit „Eene meene Hackebeil,
die Brille ist jetzt wieder heil!
Hex-hex!" hext Bibi
die Brille rasch wieder ganz.

Doch Lilli hat genug vom Reiten!
Schluchzend läuft sie
von der Koppel.
„Warte doch!", ruft Bibi ihr nach,
aber Tina meint: „Lass sie!
Lilli soll sich erst beruhigen ..."

Die Retterin in Rosarot

Aber Lilli ist ganz außer sich.
Sie läuft durchs Hoftor hinaus
und geradewegs in den Wald.
Was für blöde Ferien!
Blind vor Tränen stolpert Lilli
über eine Baumwurzel.

So ein Mist! Schon wieder
verliert sie ihre Brille.
Und niemand kann ihr helfen,
sie auf dem Waldboden zu finden!
Lilli sieht alles verschwommen.
Mit pochendem Herzen
tastet sie nach ihrer Brille.

Inzwischen haben Bibi und Tina
Lillis Verschwinden bemerkt.
„Sieh mal, Tina, das Hoftor –
es steht offen", meint Bibi.
„Lilli muss weggelaufen sein!"

suchen

reiten

machen

MACH MIT!

Kreise die Wörter im Text ein.

Die beiden machen sich Sorgen:
Wenn der Kleinen
bloß nichts passiert ist!
Eilig reiten Bibi und Tina los,
um nach Lilli zu suchen.

Leider ohne Erfolg:
Auch eine ganze Stunde später
haben sie noch keine Spur.
Schließlich sagt Tina seufzend:
„Wir kehren besser um
und fragen Mutti um Rat!"

Doch plötzlich machen
die beiden Freundinnen
erstaunt am Waldrand Halt:
Im Unterholz blitzt etwas rosa!
Dann taucht zuerst ein Ferkel
und dahinter ein Mädchen auf.

„Lilli! Rosa!", ruft Bibi froh.
Das niedliche rosa Ferkel
war Lilli in den Wald gefolgt.
Dann hat es das Mädchen sicher
zurück zum Martinshof geführt.

„Tja! Schweine sind schlauer,
als man denkt", meint Tina.
„Und viel netter!", lächelt Lilli.
Bibi hext ihr eine neue Brille
und Lilli und ihr Glücksschwein
werden tierisch gute Freunde!

Hufeisen-Quiz

1 **Wie heißen die Kinder, die auf dem Hof zu Gast sind?**

- ○ Leon, Sira und Lilli
- ○ Leo, Sara und Lila
- ⊗ Leon, Sara und Lilli

2 **Wobei helfen die Ferienkinder mit?**

- ⊗ bei der Pferdepflege
- ○ beim Kutschefahren
- ○ beim Frühstückmachen

3 Warum bleibt Lilli
am Frühstückstisch sitzen?

- ○ Weil sie Angst vor den Tieren hat.
- ✗ Weil sie lieber über Tiere liest, als ihnen zu begegnen.
- ○ Weil die anderen Kinder Lilli nicht mögen.

4 Wie heißt das Ferkel,
vor dem Lilli im Stall erschrickt?

- ○ Rosi
- ○ Rose
- ○ Rosa

5 Wodurch gewinnt Pony Paulchen
Lillis Vertrauen?

- ○ Er wiehert sie freundlich an.
- ○ Er stupst sie verspielt an.
- ○ Er lässt sich brav von ihr füttern.

6 **Weshalb läuft Lilli vom Martinshof weg?**

◯ Weil sie sich beim Sturz vom Pony verletzt hat.

◯ Weil ihre Brille kaputt ist.

☒ Weil sie genug hat von den Tieren und vom Reiten.

7 **Wie fühlt sich Lilli, als sie ihre Brille verliert?**

◯ erleichtert

☒ hilflos

◯ neidisch

8 **Was bringt Bibi auf die Idee, dass Lilli nicht mehr auf dem Hof ist?**

☒ das offene Hoftor

◯ Spuren im Wald

◯ ein Tipp von Tina

9 Wie lange suchen Bibi und Tina
im Wald nach Lilli?

- ⚪ eine Stunde
- ✗ eine halbe Stunde
- ⚪ zwei Stunden

10 Lilli und Rosa werden
am Ende Freunde, weil ...

- ⚪ ... Rosa so schlau ist wie Lilli.
- ⚪ ... Rosa Lilli aus der Patsche
  geholfen hat.
- ⚪ ... Rosa schon immer
  ein Glücksschwein haben wollte.

Pferdetypen 68

Abzeichen an Kopf und Beinen 70

Reitbekleidung 72

Reittherapie 74

Hufbearbeitung 76

Lösungen 80

Pferde-Wissen

Pferdetypen

Alle anders

Pferde sind ganz unterschiedlich. Die kleinen Pferde sind immer Ponys. Die großen, dicken Pferde heißen Kaltblüter. Robuste Ponys wie Norweger oder Kaltblüter wie Mecklenburger sind ruhig und gemütlich. Die schlanken Pferde sind die Vollblüter. Vollblüter wie Araber sind temperamentvoll. Für Anfänger ist es schwer sie zu reiten. Die großen Sportpferde sind Warmblüter.

Sind Kaltblüter ganz kalt?

Verbinde.

Kaltblüter waren früher …

Kaltblüter haben …

Sie sind …

… Arbeitspferde.

… Voltigierpferde.

… besonders kaltes Blut.

… ganz normales Blut.

… sehr stark und kräftig.

… eher klein und zierlich.

Klein und niedlich

Man misst die Größe von Pferden am höchsten Punkt des Rückens. Dieser Punkt heißt Widerrist. Pferde bis zu einer Größe von 1,48 Meter nennt man immer Ponys.

Rennpferde

Zu den _____ (V l o l b l t ü e n r)

gehören die Rennpferde. Das sind das englische

_____ (V l l o b u l t) und

der _____ (A r b a e r).

Sie sind besonders _____

(s c h l e n l).

Warmblüter

Warmblut-Pferde sind Sportpferde.
Weißt du, was sie alles besonders gut können?

K	D	R	E	S	S	U	R	U	P	Q	G	F
O	Z	H	R	T	S	V	N	Y	E	J	I	A
S	P	R	I	N	G	E	N	F	C	W	L	H
V	O	L	T	I	G	I	E	R	E	N	X	R
B	M	T	L	A	Z	F	G	S	H	M	O	E
A	C	D	T	U	R	N	I	E	R	E	T	N

Jedes Pferd sieht anders aus

Verbinde.

Am Kopf haben manche Pferde …	… sind unterschiedlich.
Auch an den Beinen …	… sind weiße Abzeichen.
Sogar die Fellwirbel …	… weiße Haare.

Blesse und mehr

Kennst du die Abzeichen am Pferdekopf?
Verbinde die Abzeichen mit dem richtigen Namen.

Stern   Schmale Blesse   Laterne   Schnippe

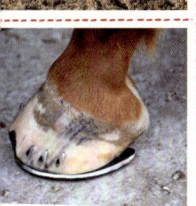

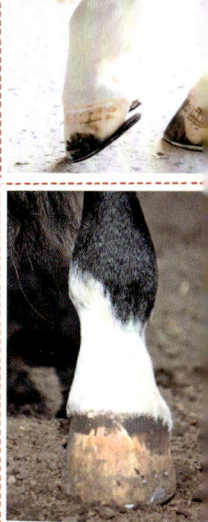

Weiße Beine

An den Beinen haben Pferde auch
Abzeichen. Kennst du sie?
Verbinde mit den richtigen Namen.

weißer Ballen   weiße Fessel

halbweißer Fuß   weißer Fuß

Pferdepass

Pferde haben auch einen Ausweis. Der Ausweis
heißt Equidenpass. In ihm werden die Abzeichen
eingetragen. Es werden die weißen Abzeichen an
Kopf und Beinen vermerkt und auch die Fellwirbel.
Abzeichen sind bei jedem Pferd unterschiedlich.

Flocke   Breite Blesse

Reitbekleidung

Praktisch

Zum Reiten trägst du besondere Reitbekleidung. Die Sachen brauchst du, weil es damit sicherer und bequemer ist. Kennst du schon alles?

Praktisch

Die Reitkappe ist besonders wichtig.

Sie schützt deinen _____ (K p f o).

Die Kappe muss dir immer gut _____ (p a s e n s).

Deshalb hat sie einen _____ (R i m e e n),

der sie am Kopf hält.

_____ (h i t n e n) ist ein Rädchen zum Verstellen.

Reithose

Verbinde.

Die Reithose …	… keine Falten haben.
Sie muss …	… ist besonders bequem.
Sie darf …	… eng sein.

Reitstiefel

Weißt du, warum man zum Reiten Stiefel oder
Stiefeletten trägt? Kreuze die richtigen Sätze an.

☐ Reitstiefel trägt man, weil es gut aussieht.
☐ Reitstiefel schützen deinen Knöchel vor dem Umknicken.
☐ Mit Reitstiefeln rutscht man nicht so leicht durch
den Steigbügel.
☐ Mit Reitstiefeln schwitzt man im Sommer weniger.

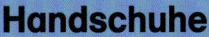

Handschuhe

Reithandschuhe schützen deine Hände.
Du kannst die Zügel besser halten und
sie rutschen dir nicht durch die Hände.

73

Reittherapie

Mehr als Reiten

Reittherapie hilft kranken Kindern und Menschen. Bei Problemen oder Ängsten tut der Kontakt zum Pferd gut. Er fördert zum Beispiel Ruhe, Konzentration, Freude, Mut oder auch, sich besser bewegen zu können. Bei manchen Krankheiten hilft das Sitzen auf dem Pferd. Deshalb gibt es viele Arten der Reittherapie. Weißt du, was dazu gehört? Kreuze an.

☐ Springreiten
☐ Hippotherapie
☐ Geländereiten
☐ heilpädagogisches
Reiten
☐ Reitsport für Menschen
mit Behinderungen
☐ Dressurreiten
☐ Distanzreiten

Auf dem Pferd
Verbinde.

Bei der Reittherapie sitzt man auch ...

Es geht nicht darum, ...

Bei der Reittherapie trägt das Pferd ...

Bei der Reittherapie macht man ...

Pferde tun gut

Bei der Reittherapie macht man auch Übungen

mit dem Pferd. Du sitzt also nicht nur oben drauf.

Ein Pferd zu _____ (f h ü r e n) oder

zu _____ (p t z u e n) kann dazu gehören.

Aber auch _____ (k u s c h l n e) tut gut.

... verschiedene Übungen auf dem Pferd.

... auf dem Pferd.

... gut reiten zu lernen.

... einen Gurt mit Haltegriffen

Hufbearbeitung

Das alte Hufeisen wird entfernt.

bearbeiten und raspeln

Barfuß

Pferde können auf verschiedenen Böden laufen. Ihre Hufe schützen sie. Sie gehen gern auf Straßen, Sand, Kies oder Waldböden. Auf Wegen mit großen Steinen schmerzen die Füße.
Wenn wir ein Pferd reiten, nutzen die Hufe manchmal zu stark ab. Dann braucht das Pferd Hufeisen.

Der Huf
Verbinde.

Ein Pferdehuf ist ...	... gibt er nach.
Wenn er auf den Boden trifft, ...	... ständig weiter.
Der Huf wächst ...	... Hornmaterial.
Er ist aus ...	... beweglich.

Der Hufschmied schmiedet
ein neues Hufeisen.

Der Huf wird
neu beschlagen.

Zehenspitzen

Weißt du, was richtig ist?
Kreuze an.

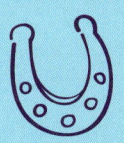

- ☐ Pferde laufen auf dem Handballen.
- ☐ Die Hufe sind aus fünf Fingern entstanden.
- ☐ Der Huf ist aus nur einem Finger entstanden.
- ☐ Vorn ist der Huf stabiler.
- ☐ Ein Huf dehnt sich in alle Richtungen aus.
- ☐ Der Huf ist vor allem hinten elastisch.
- ☐ Hufeisen tun einem Pferd nicht weh.
- ☐ Die Nägel im Hufeisen sind schmerzhaft.
- ☐ Hufeisen dürfen nur aufgeklebt werden.
- ☐ Hufeisen gibt es auch aus Kunststoff.
- ☐ Für Pferde gibt es sogar Schuhe.

Lösungen

Die Pony-Party

Erstlese-Geschichte

Seite 10: Pferdeschmuck

Seite 21: Sorgen

Seite 26: Seil

Hufeisen-Quiz

1 Max und Moritz
2 Geburtstag
3 als Geschenk für die Ponys
4 weil sie schlecht gelaunt ist
5 in den Ställen und in der Scheune
6 weil sie weggelaufen ist
7 Sie können gut riechen.
8 weil keiner an sie gedacht hat.
9 warum sie weg wollte.
10 Eene meene nasser Weg,
   zu dem Boot führt jetzt ein Steg!
   Hex-hex!

Lösungen
Das kleine Schweinchen Rosa

Erstlese-Geschichte

Seite 40:

Seite 46:   erschrickt
stolpert
schafft

Seite 57:   Die beiden (machen) sich Sorgen:
Wenn der Kleinen
bloß nichts passiert ist!
Eilig (reiten) Bibi und Tina los,
um nach Lilli zu (suchen).

Hufeisen-Quiz

1   Leon, Sara und Lilli
2   beim Pferdepflegen
3   Weil sie lieber über Tiere liest, als ihnen zu begegnen.
4   Rosa
5   Er wiehert sie freundlich an.
6   Weil sie genug hat von den Tieren und vom Reiten.
7   hilflos
8   das offene Hoftor
9   eine Stunde
10 … Rosa Lilli aus der Patsche geholfen hat.

Lösungen

Pferde-Wissen

zu Seite 68/69 Pferdetypen

Sind Kaltblüter ganz kalt?

Kaltblüter waren früher Arbeitspferde.
Kaltblüter haben ganz normales Blut.
Sie sind sehr stark und kräftig.

Rennpferde

Zu den <u>Vollblütern</u> gehören die Rennpferde. Das sind das
englische <u>Vollblut</u> und der <u>Araber</u>. Sie sind besonders <u>schnell</u>.

Warmblüter

K	D	R	E	S	S	U	R	U	P	Q	G	F
O	Z	H	R	T	S	V	N	Y	E	J	I	A
S	P	R	I	N	G	E	N	F	C	W	L	H
V	O	L	T	I	G	I	E	R	E	N	X	R
B	M	T	L	A	Z	F	G	S	H	M	O	E
A	C	D	T	U	R	N	I	E	R	E	T	N

zu Seite 70/71 Abzeichen an Kopf und Beinen

Jedes Pferd sieht anders aus

Am Kopf haben manche Pferde weiße Haare.
Auch an den Beinen sind weiße Abzeichen.
Sogar die Fellwirbel sind unterschiedlich.

Blesse und mehr

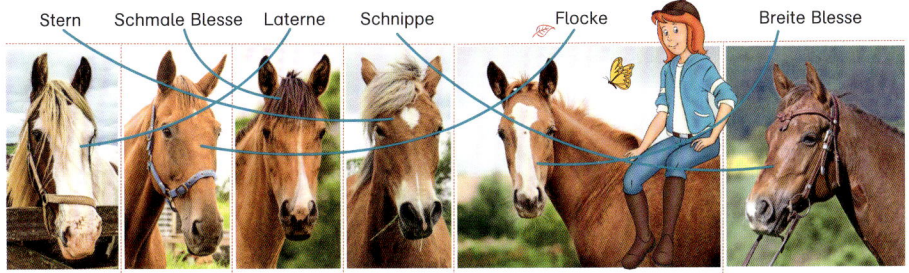

Stern   Schmale Blesse   Laterne   Schnippe   Flocke   Breite Blesse

Weiße Beine

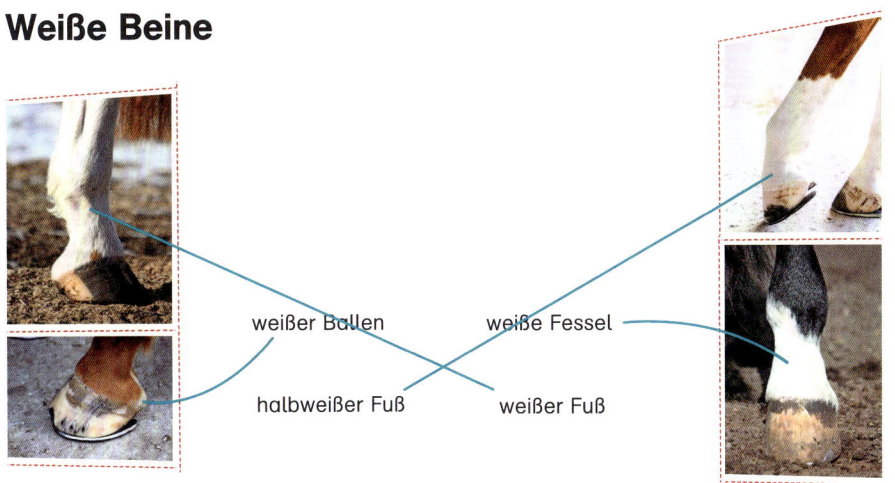

weißer Ballen   weiße Fessel

halbweißer Fuß   weißer Fuß

Praktisch

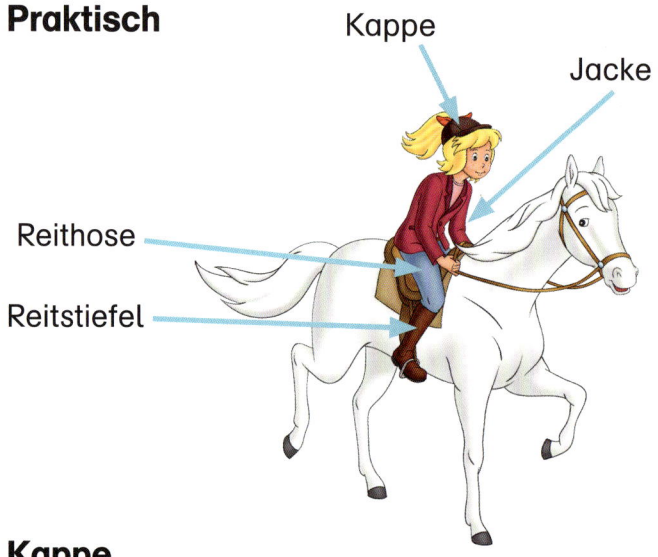

Kappe

Jacke

Reithose

Reitstiefel

Kappe

Die Reitkappe ist besonders wichtig. Sie schützt deinen <u>Kopf</u>.
Die Kappe muss dir immer gut <u>passen</u>. Deshalb hat sie einen
<u>Riemen</u>, der sie am Kopf hält. <u>Hinten</u> ist ein Rädchen zum
Verstellen.

Reithose

Die Reithose ist besonders bequem.
Sie muss eng sein.
Sie darf keine Falten haben.

Reitstiefel

- [x] Reitstiefel schützen deinen Knöchel
  vor dem Umknicken.
- [x] Mit Reitstiefeln rutscht man
  nicht so leicht durch den Steigbügel.

zu Seite 74/75 Reittherapie

Mehr als Reiten

- [x] Hippo-Therapie
- [x] heil-pädagogisches Reiten
- [x] Reitsport für Menschen mit Behinderungen

Auf dem Pferd

Bei der Reittherapie sitzt man auch auf dem Pferd.
Es geht nicht darum, gut reiten zu lernen.
Bei der Reittherapie trägt das Pferd einen Gurt mit
Haltegriffen.
Bei der Reittherapie macht man verschiedene Übungen auf
dem Pferd.

Pferde tun gut

Bei der Reittherapie macht man auch Übungen mit dem
Pferd. Du sitzt also nicht nur oben drauf. Ein Pferd zu <u>führen</u>
oder zu <u>putzen</u> kann dazu gehören. Aber auch <u>kuscheln</u>
tut gut.

Der Huf

Ein Pferdehuf ist beweglich.
Wenn er auf den Boden trifft, gibt er nach.
Der Huf wächst ständig weiter.
Er ist aus Hornmaterial.

Zehenspitzen

- [x] Der Huf ist aus nur einem Finger entstanden.
- [x] Vorn ist der Huf stabiler.
- [x] Der Huf ist vor allem hinten elastisch.
- [x] Hufeisen tun einem Pferd nicht weh.
- [x] Hufeisen gibt es auch aus Kunststoff.
- [x] Für Pferde gibt es sogar Schuhe.

Noch mehr Lesestoff mit Bibi und Tina …

Die große Pony-Party
1. Klasse
ISBN 978-3-12-949409-7

Hilfe, ein Lama!
1. Klasse
ISBN 978-3-12-949614-5

Ein total verrückter Tag
2. Klasse
ISBN 978-3-12-949495-0

Tinas Geheimnis
2. Klasse
ISBN 978-3-12-949494-3

Gefährliche Schatzsuche
2. Klasse
ISBN 978-3-12-949411-0

Pferde-Abenteuer in den Bergen
2. Klasse
ISBN 978-3-12-949616-9

Pferde-Abenteuer am Meer
2. Klasse
ISBN 978-3-12-949334-2

Spannende Geschichten plus Pferde-Infos und Hufeisen-Quiz:

Pferde, Spaß und Abenteuer
ISBN 978-3-12-949575-9

Pferdeträume mit Bibi und Tina
ISBN 978-3-12-949349-6

Erhältlich im Buchhandel.
Weitere Infos: www.klett-lerntraining.de

bibiundtina.de

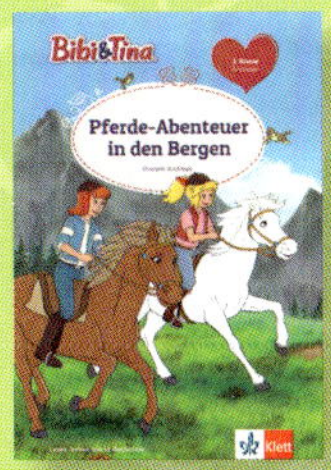

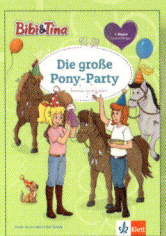

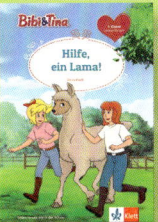

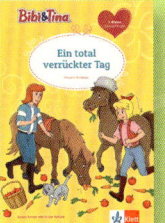

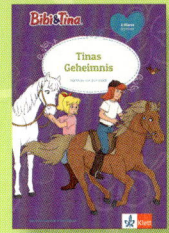

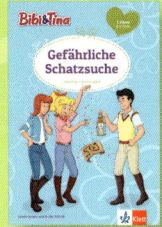

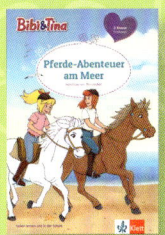

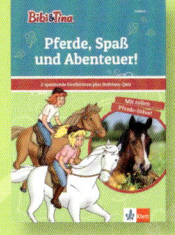

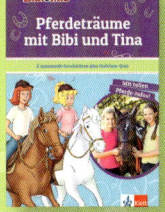

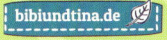

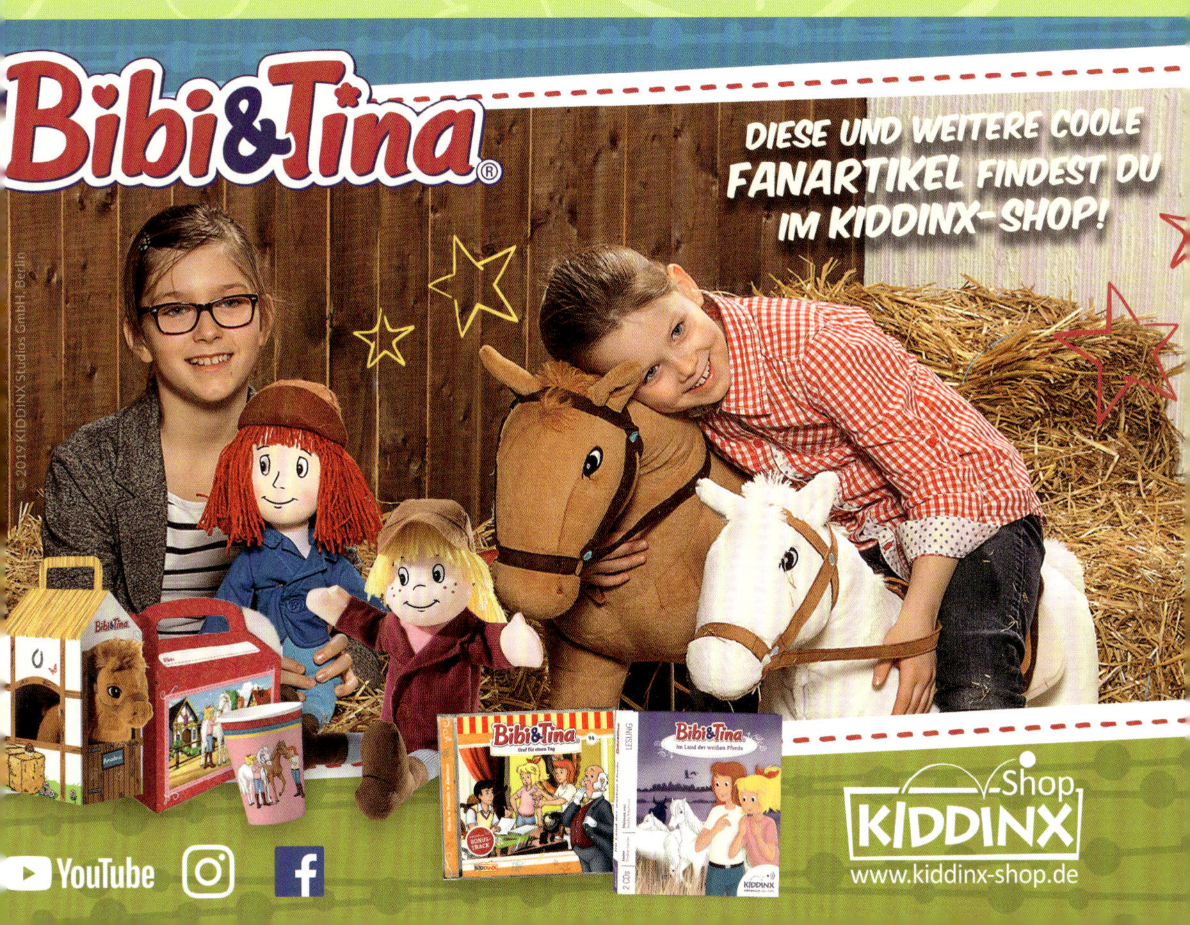